AF382904

DÉCROCHER UN EMPLOI GRÂCE AUX RÉSEAUX SOCIAUX

Soigner son e-réputation sur LinkedIn, Twitter et Facebook

Par Noé Spies

50MINUTES.fr

DÉCROCHER UN EMPLOI GRÂCE AUX RÉSEAUX SOCIAUX — 9

B.A.-BA DU CHERCHEUR D'EMPLOI SUR LES RÉSEAUX SOCIAUX — 13

Soyez visible, actif et impliqué !

Constituez-vous un réseau

Renseignez-vous sur les entreprises

Intéressez les recruteurs !

Évitez les faux pas

Les réseaux sociaux modifient les entretiens d'embauche

TOP CONSEILS — 37

FAQ — 41

Sur quels réseaux sociaux dois-je m'inscrire ?

Avec quels réseaux ai-je le plus de chances de me faire voir ?

Les réseaux sociaux sont-ils tous des services gratuits ?

Que faire si je n'étais pas présent jusqu'ici sur les réseaux sociaux ?

Ma grande implication sur les réseaux sociaux me permettra-t-elle seule de trouver un emploi ?

Les recruteurs vont-ils vraiment voir mes profils sur les réseaux sociaux ?

Qu'est-ce que l'e-réputation ?

À VOUS DE JOUER ! — 47

POUR ALLER PLUS LOIN — 51

DÉCROCHER UN EMPLOI GRÂCE AUX RÉSEAUX SOCIAUX

- **Problématique ?** Comment tirer parti des réseaux sociaux lorsqu'on est chercheur d'emploi ?
- **Utilité ?** En optimisant votre utilisation des réseaux sociaux, vous redoublez vos chances de trouver un poste à court terme.
- **Contexte ?** Recherche d'emploi.
- **FAQ ?**
  - Sur quels réseaux sociaux dois-je m'inscrire ?
  - Avec quels réseaux ai-je le plus de chances de me faire voir ?
  - Les réseaux sociaux sont-ils tous des services gratuits ?
  - Que faire si je n'étais pas présent jusqu'ici sur les réseaux sociaux ?
  - Ma grande implication sur les réseaux sociaux me permettra-t-elle seule de trouver un emploi ?

- Les recruteurs vont-ils vraiment voir mes profils sur les réseaux sociaux ?
- Qu'est-ce que l'e-réputation ?

Vos études sont terminées et vous avez votre diplôme en poche ? Vous êtes actuellement sans emploi et désirez en retrouver un au plus vite ? Vous voulez donner un nouveau tournant à votre carrière en changeant de profession ? Si vous êtes dans une de ces situations, il vous faudra logiquement passer par l'étape de la recherche d'emploi.

Mais la période où il suffisait d'envoyer son CV et sa lettre de motivation à un potentiel employeur est désormais révolue. Aujourd'hui, bon nombre de recruteurs ne se contentent pas de la simple lecture de votre CV mais partent également à la recherche d'informations vous concernant sur les réseaux sociaux, comme LinkedIn, Twitter ou Facebook. Leur but ? En savoir davantage sur vous, vos activités et votre personnalité.

Il paraît donc primordial de soigner votre apparence sur ces réseaux sociaux lorsque vous cherchez un emploi. Il est recommandé d'y être présent et actif, mais pas n'importe comment !

Nous vous donnerons dans ce document les bons plans pour optimiser votre présence sur les trois réseaux sociaux les plus utilisés, LinkedIn, Twitter et Facebook, afin de retenir toute l'attention des recruteurs.

B.A.-BA DU CHERCHEUR D'EMPLOI SUR LES RÉSEAUX SOCIAUX

Les réseaux sociaux sont une mine d'informations sur votre personnalité. L'image que vous y reflétez peut être vue par vos amis, évidemment, mais également par... les recruteurs ! Pourtant, en période de recherche d'emploi, beaucoup de demandeurs négligent leur présentation sur ces sites, ce qui, à l'heure actuelle, peut se révéler fatal. *A contrario*, si vous arrivez à tirer le meilleur de vos profils Facebook, Twitter et LinkedIn, cela peut vous faire gagner beaucoup de points aux yeux d'un employeur, avant même l'étape de l'entretien ! Ce sont des outils fantastiques pour développer vos contacts et vous créer de nouvelles opportunités. Sachez donc y valoriser votre présence !

Nous vous donnerons ici quelques règles de base, ainsi que des trucs et astuces à appliquer quant à votre implication sur les réseaux sociaux. Le but : mettre en avant une image de vous positive et professionnelle. Vos chances de trouver un emploi augmenteront à coup sûr, tandis que négliger cet aspect pourrait vous désavantager par rapport à d'autres candidats.

SOYEZ VISIBLE, ACTIF ET IMPLIQUÉ !

Une des grosses erreurs que commettent bon nombre de chercheurs d'emploi est de ne tout simplement pas être assez visibles sur le Net. À notre époque, il est pourtant primordial de s'inscrire sur les réseaux sociaux majeurs lorsque l'on est dans cette situation. Nous ne vous recommandons pas ici de dévoiler toute votre vie personnelle, évidemment, mais plutôt de montrer que vous êtes quelqu'un de sociable et d'impliqué professionnellement. N'attendez cependant pas la fin de vos études pour vous y mettre. Cela demande du temps ; tentez donc d'être actif tout au long de votre formation, et restez-le un minimum par la suite.

Les réseaux sociaux vous donnent la possibilité de régler un tas de paramètres de confidentialité. Vous n'avez donc pas d'excuses : si vous montrez quelque chose ou si vous donnez une information sur les réseaux sociaux, c'est que vous souhaitez que cet élément soit vu de tous... y compris des recruteurs !

- Sur Facebook, vous pouvez décider si vos photos ou vos statuts peuvent être vus publiquement ou non.
- Idem sur Twitter.
- Sur LinkedIn, c'est à vous de rendre la description de votre parcours professionnel à la fois claire, pertinente et attractive. Mais restez vous-même ! Inutile de vous survendre, les recruteurs le remarqueront vite lors de l'entretien d'embauche.

Être impliqué et actif, dans l'optique de trouver un emploi, cela ne veut pas dire qu'il faut que vous changiez votre photo de profil Facebook tous les deux jours ou que vous partagiez la dernière vidéo buzz qui vous a fait rire. Il s'agit de montrer que vous êtes un minimum engagé dans le domaine où vous cherchez de l'emploi. Vous avez fait des études de journalisme ? Commentez l'actualité, partagez des informations, suivez des personnes, des magazines ou des journaux qui vous intéressent. Vous voulez devenir architecte ? « Aimez » les pages des grands architectes qui vous inspirent, des bureaux d'architecture qui vous font rêver, interagissez avec des experts sur des blogs spécialisés, etc. Quel que soit votre domaine, dévoilez vos intérêts et vos engagements !

- Interagissez avec les entreprises que vous aimeriez un jour rejoindre ;
- Impliquez-vous dans des groupes qui correspondent à votre secteur d'activité ;
- N'hésitez pas à amener votre contribution en laissant des avis ou des commentaires, pour autant que cela soit constructif !

<u>Petit plus</u>

Il faut que vous alliez sur les réseaux sociaux dans le but de vous promouvoir, de dialoguer avec les recruteurs, de montrer que vous êtes intéressé par un domaine en particulier. Bref, de prouver votre motivation à trouver un emploi !

Sur les réseaux sociaux, vous êtes le seul maître à bord. C'est vous qui menez la barque. Soyez donc votre propre ambassadeur ! Le but ? Se rendre visible pour se constituer un réseau. Un candidat visible et impliqué dans son domaine d'activité prendra facilement l'avantage sur un postulant inactif !

CONSTITUEZ-VOUS UN RÉSEAU

C'est la pierre angulaire du chercheur d'emploi, que ce soit sur Internet ou ailleurs. Les réseaux sociaux ne vous offriront évidemment pas un travail en un clin d'œil. Mais ils vous donnent la possibilité de rentrer facilement en contact avec des personnes influentes dans le milieu où vous cherchez un emploi, ce que vous ne pourriez peut-être pas réaliser dans la « vraie » vie. Une chance à saisir, donc ! Mais pour arriver à ses fins et se constituer un réseau bien ficelé, il ne faut pas s'y prendre n'importe comment ! Voici quelques pistes pour créer des liens pertinents et rentrer plus facilement en contact avec des personnes clés.

La première étape est de rechercher les gens que vous connaissez. Un de vos profs ou une personne rencontrée lors de vos stages, par exemple. Ou même vos amis de l'université. Ainsi, vous vous constituez un premier petit réseau de professionnels, basé sur les gens que vous avez déjà rencontrés.

Agrandissez votre cercle

Et ensuite, c'est le principe même du réseau qui vous permettra d'entrer en lien avec d'autres personnes : les contacts de vos contacts, qui se situent dans le même secteur d'activité. LinkedIn, par exemple, vous proposera des personnes avec qui rentrer en relation, en fonction des mots-clés de votre profil. Évidemment, il serait contre-productif d'ajouter tout le monde les yeux fermés. Tentez d'établir, surtout au début, un cercle de contacts de qualité.

ATTENTION

La plus grosse erreur serait de se reposer sur ses lauriers. Une fois votre petit réseau créé, il faut l'entretenir ! Discutez avec les gens, donnez votre avis de façon pertinente. Plus vous êtes actif, plus les gens de votre milieu vous verront comme quelqu'un de motivé.

Moins de hiérarchie : profitez-en !

Les réseaux sociaux ont pour grande qualité de réduire grandement tous les rapports hiérarchiques. Tout le monde se retrouve presque sur le même pied d'égalité. Et cet élément est primordial, puisqu'il vous permet de rentrer facilement en contact avec des personnes influentes... Et donc d'avoir l'occasion de discuter avec certains recruteurs !

Les discussions ne sont plus verticales, mais horizontales. Concrètement, vous avez la possibilité de poser une question pertinente sur la page Facebook d'une entreprise qui vous intéresse, ou d'interpeler une personne influente dans votre milieu sur Twitter. L'objectif est de se faire remarquer, mais de façon subtile. Sachez vous démarquer en évitant les lourdeurs !

Du donnant-donnant

Voyez vos activités sur Facebook, Twitter ou LinkedIn comme des interactions qui vous permettent de rendre des services à vos contacts, et d'en recevoir à votre tour. Une de vos relations pose une question dont vous connaissez la réponse ? N'hésitez pas à lui répondre ! En installant des liens de confiance, vous y gagnerez aussi à votre tour. Le tout est d'entretenir autant que possible les contacts que vous avez créés. Les membres de votre réseau sauront alors qu'ils peuvent compter sur vous, et vous rendront la pareille à l'occasion. Vous êtes gagnant à 100 % !

À ÉVITER

Ne soyez pas trop pressé de rencontrer directement vos contacts, ni de demander du travail à la première personne venue. Les réseaux sociaux ne sont qu'une première étape de la mise en relation, qui demande de la patience.

RENSEIGNEZ-VOUS SUR LES ENTREPRISES

Les réseaux sociaux sont des moyens formidables pour vous mettre en valeur professionnellement, mais pas uniquement ! En effet, pour que votre activité en ligne soit efficace, il faut aussi que vous vous renseigniez sur les entreprises. Et pour ce faire, Facebook, Twitter et LinkedIn sont justement des outils extrêmement intéressants.

Pour bien maîtriser l'actualité du secteur dans lequel vous postulez, une bonne méthode consiste à parcourir autant que possible les pages Facebook ou les comptes Twitter des entreprises qui vous intéressent, en posant des questions intéressantes publiquement, par exemple. Sur le long terme, ce travail de veille et de recherche, même s'il n'est pas directement visible, sera payant ! Vous serez plus à même de dialoguer de façon pertinente avec les contacts de vos réseaux. Vous serez davantage au courant des projets et des organisations des entreprises.

Entre un candidat qui reste dans sa bulle et un postulant au courant des actualités de son secteur, le choix sera vite fait pour un recruteur.

• Sur Twitter, rien de plus simple que de s'informer sur son domaine ! Il vous suffit de réaliser une recherche par mots-clés et vous tomberez directement sur des personnes ou des entreprises de votre secteur.

- Vous pouvez ensuite vous faire une idée des valeurs prônées par certaines entreprises, pour mieux viser lors de vos candidatures !

INTÉRESSEZ LES RECRUTEURS !

Se constituer un réseau et accumuler les données sur les sociétés qui vous intéressent n'est pas tout ; il vous faut également penser à attirer l'œil des recruteurs. Car votre objectif principal reste tout de même de trouver un emploi. Pour cela, nous vous donnons cinq règles d'or.

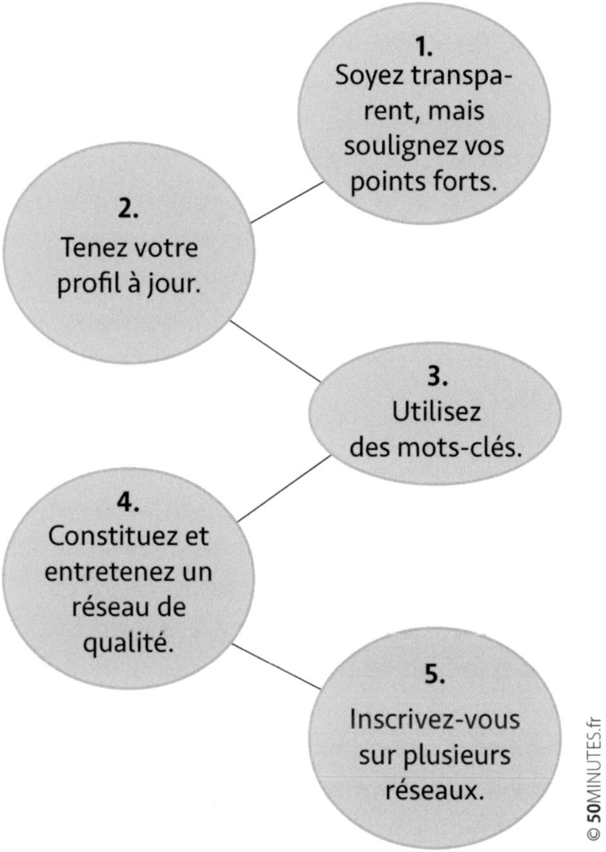
1.
Soyez transparent, mais soulignez vos points forts.
2.
Tenez votre profil à jour.
3.
Utilisez des mots-clés.
4.
Constituez et entretenez un réseau de qualité.
5.
Inscrivez-vous sur plusieurs réseaux.
© 50MINUTES.fr

1. Soyez transparent et mettez l'accent où il le faut

À l'instar de la composition de votre CV, décrire vos expériences professionnelles sur LinkedIn n'est pas toujours aisé. Il s'agit surtout ici de ne pas mentir et de ne pas inventer de fausses expériences. Au-delà de l'aspect malhonnête d'un tel agissement, les recruteurs ont les moyens de rapidement vérifier ces informations, ce qui vous mettrait dans l'embarras. Cependant, être transparent ne signifie pas pour autant devoir tout dire !

- Sachez mettre l'accent sur des expériences pertinentes, qui vous mettent en valeur et sur lesquelles vous serez jugé positivement. Et, par conséquent, laissez les autres de côté.
- Appuyez sur vos points forts en rapport avec le poste que vous recherchez, sur ce qui peut faire la différence par rapport aux autres candidats.
- Par ailleurs, gardez vos informations plus personnelles pour vous, en ne les affichant pas ou en y appliquant le filtre de la confidentialité.

2. Mettez votre profil à jour constamment

Si vos profils LinkedIn, Facebook ou Twitter semblent inactifs, les recruteurs se poseront des questions quant à vos motivations. Sur les réseaux sociaux, dans l'optique de la recherche d'emploi, vous êtes en quelque sorte un produit. Et le seul ambassadeur de ce produit, c'est vous-même. L'activité sur les réseaux sociaux s'apparente d'ailleurs de plus en plus à des principes de marketing : il faut savoir vous vendre. Pour cela, vos profils doivent être régulièrement mis à jour !

- D'une part, votre profil sera mieux référencé par Google.
- D'autre part, cela crédibilisera votre présence.
- En actualisant régulièrement votre profil, vous vous positionnez comme un professionnel, relié à la réalité et attentif aux nouvelles tendances de son secteur. Vous rendez votre profil vivant.

Soignez également, sur LinkedIn, votre titre et votre accroche pour attirer l'œil du recruteur dans votre description.

Vous êtes en train de réaliser un nouveau projet ? Indiquez-le ! Soyez clair, court, structuré et percutant dans votre description. Soignez aussi votre orthographe, évidemment.

3. Utilisez les bons mots-clés

Au moment de faire part de vos compétences, sachez repérer les mots-clés les plus souvent utilisés dans votre domaine. Il est vite arrivé d'omettre certains mots-clés pourtant très utilisés, et donc très recherchés dans le secteur auquel on s'intéresse ; or il serait dommage de se priver de cet avantage !

Si elle ne contient pas certains mots-clés principaux, votre description risque d'être vite oubliée. Évitez donc d'être trop large dans le titre de votre profil, avec des phrases du style « À la recherche d'un emploi ».

Employez des termes techniques et spécifiques à votre domaine. Un recruteur, lorsqu'il sera à la recherche de profils spécifiques sur LinkedIn, ne tapera jamais dans sa barre de recherche « Demandeur d'emploi ». Pensez donc à être suffisamment précis quant à ce que vous recherchez. Mais n'oubliez pas de rester vous-même et d'apporter une touche personnelle à votre description, particulièrement sur LinkedIn ou Twitter. Essayez de vous différencier des profils formatés, qui provoquent souvent l'ennui des recruteurs.

- En restant vous-même, vous aurez aussi plus de chances de recevoir des offres qui vous conviennent mieux, en fonction de vos affinités.
- N'hésitez pas à être plus complet quant aux compétences que vous n'avez pas pu préciser sur votre CV. LinkedIn vous offre cette liberté supplémentaire.

4. Choisissez méticuleusement vos contacts et dialoguez !

Lorsque vous êtes en train de vous constituer petit à petit votre réseau, il est primordial de bien choisir vos contacts et de ne pas inviter tout le monde à tire-larigot. Choisissez d'abord vos relations en fonction de vos connaissances personnelles et envoyez-leur un message personnalisé, et non pré-formaté (qui pourrait paraître rebutant). Ensuite, en ce qui concerne les contacts de vos contacts, n'invitez que les personnes qui diffusent un contenu pertinent et intéressant en rapport avec votre domaine. Vous vous constituerez ainsi un réseau de qualité ! Enfin, ne vous contentez pas d'émettre de l'information, commentez aussi ce qu'écrivent les autres (en restant pertinent). C'est de cette manière seulement que vous nouerez des relations : en allant vers les autres, en commentant leurs activités. À nouveau, il s'agit d'être actif et entreprenant !

5. Inscrivez-vous sur plusieurs réseaux

L'erreur serait de ne se servir que d'un seul réseau social. En multipliant votre présence sur différents réseaux, vous augmentez logiquement vos relations et surtout, votre visibilité. Facebook, Twitter, LinkedIn, Viadeo, etc. : ces réseaux généralistes sont tous d'excellents moyens pour nouer des contacts.

Il existe également d'autres réseaux, spécialistes cette fois. Selon votre domaine d'activité, renseignez-vous sur les réseaux qui regroupent des professionnels de votre secteur, vous devriez en trouver beaucoup ! Cela vous permettra d'entrer directement dans un cercle plus précis.

ÉVITEZ LES FAUX PAS

À l'heure du numérique, postuler en ligne peut paraître très simple : plus besoin de recopier de nombreuses lettres manuscrites à envoyer par la poste. Il « suffirait » de soigner sa réputation sur les réseaux sociaux et d'envoyer des e-mails en guise de lettre de motivation. Mais il est vite arrivé de tomber dans le piège de la nonchalance et de commettre des bévues pourtant évitables. Voici quelques faux pas à éviter lors de votre recherche d'emploi sur Internet.

Les demandes d'amis intrusives sur Facebook

Vous créer un réseau d'amis sur Facebook, c'est très bien, mais veillez à ne pas vouloir vous lier avec n'importe qui ! Vous venez de voir une offre d'emploi qui correspond à vos envies ? Envoyez une lettre de motivation formelle, accompagnée du CV, mais ne tentez surtout pas d'ajouter la personne de contact sur Facebook. Celle-ci pourrait considérer ce geste comme intrusif et inopportun, et vous perdriez des points.

- Considérez Facebook comme un réseau social beaucoup plus personnel que LinkedIn ou Twitter. Il convient de déjà connaître la personne avant de s'en faire un ami sur Facebook.
- « Suivre » quelqu'un sur LinkedIn ou Twitter peut se faire plus librement.
- Par contre, vous pouvez très bien « aimer » la page Facebook de l'entreprise pour laquelle vous postulez : vous montrez ainsi votre intérêt pour celle-ci sans toutefois être intrusif. Cela ne suffira pas à vous démarquer cependant.

Trop insister par mail

Vous venez d'envoyer votre CV et votre lettre de motivation en réponse à une offre, mais après trois jours, le recruteur ne vous a toujours pas répondu ? Abstenez-vous de revenir aux nouvelles trop vite. Souvent, les procédures de recrutement prennent du temps. Renvoyer une série de rappels ne sert à rien, et vous fera juste passer pour quelqu'un d'impatient. Si vous n'avez toujours pas de réponse plus de deux ou trois semaines après avoir postulé, vous pouvez éven-tuellement relancer afin de connaître l'avancée du processus de recrutement, sans toutefois vous montrer trop insistant.

Ne pas régler ses paramètres de confi-dentialité sur Facebook

Si vous laissez vos photos ou vos derniers statuts Facebook publics, tout le monde pourra les voir, y compris votre dernière séance de bronzage et votre soirée de la veille qu'un ami a immortalisée à votre insu... Pour ne pas dévoiler ces pans de votre vie privée, qui ne font pas très pro aux yeux d'un recruteur, veillez bien à régler vos paramètres afin que vos amis uniquement puissent avoir accès à cette partie.

Mettre des statuts personnels sur Twitter

Peu de gens pensent à rendre leur profil Twitter privé. Par conséquent, si vous partagez vos états d'âme sur le réseau social, n'importe qui peut y avoir accès. Y compris le DRH avec lequel vous venez d'avoir (ou aller avoir) votre entretien. Et ce, même si la personne ne vous « suit » pas. Vous pouvez tout à fait laisser votre profil ouvert au public, mais dans ce cas, nous vous conseillons de ne publier que des statuts en lien avec votre domaine professionnel, ou du moins de ne pas exprimer votre dernier coup de gueule ou votre dernière histoire de cœur. Ne pas modérer vos propos pourrait vous être préjudiciable.

LES RÉSEAUX SOCIAUX MODIFIENT LES ENTRETIENS D'EMBAUCHE

Tout ce travail d'implication sur les réseaux sociaux que nous venons de détailler est primordial, car votre présentation et votre réputation sur Internet peuvent à présent orienter le déroulement d'un entretien d'embauche.

- Avant l'apparition des réseaux sociaux, les recruteurs avaient peu de moyens de se renseigner sur un candidat. L'entretien d'embauche était donc l'étape déterminante du recrutement.
- Maintenant, les employeurs peuvent se faire une idée de votre personnalité, de vos intérêts et de vos compétences dans un domaine avant même de vous avoir rencontré ! En d'autres termes, l'employeur en sait déjà pas mal sur votre personne... pour autant que vous soyez présent sur la sphère sociale du Net !
- Les réseaux sociaux modifient de cette façon les règles de l'entretien d'embauche : ils permettent aux recruteurs d'être plus directs, d'interpeler le candidat sur un point précis,

de l'interroger sur une de ses activités sur un réseau social, d'entrer directement dans le vif de ce qui les intéresse chez vous, etc. D'où l'intérêt d'y être impliqué de la bonne façon. Vous arriverez alors à l'entretien avec un avantage certain.

D'ici quelques années, on pourrait même imaginer que l'entretien d'embauche soit la concrétisation d'une relation établie à travers les réseaux sociaux. Attention, de là à penser que le processus de recrutement ne se passe que sur les réseaux sociaux, il y a encore un grand pas à franchir ! Les échanges virtuels ne remplaceront jamais une rencontre, mais ils peuvent influencer fortement celle-ci.

TOP CONSEILS

- N'attendez pas d'avoir fini vos études, ou d'avoir décidé de changer d'orientation pour devenir actif sur les réseaux sociaux. Soyez-le aussitôt que possible, et maintenez votre activité !
- Faites l'expérience de taper votre nom dans Google, comme si vous étiez le recruteur ! Est-ce que les résultats qui apparaissent vous conviennent ? Que voudriez-vous changer ? Voilà une bonne manière de vous autoévaluer et de vous rendre compte de l'image que vous reflétez !
- Effacez ou privatisez toute donnée personnelle sur les réseaux sociaux qui pourrait vous être préjudiciable dans l'optique d'une recherche d'emploi (photos, statuts, etc.). Sur Twitter comme sur Facebook, réglez vos paramètres de confidentialité pour ne rendre publique qu'une image positive et professionnelle de votre personne. En résumé : séparez vie privée et vie professionnelle.

- Complétez votre profil LinkedIn autant que vous le pouvez. Détaillez-y vos compétences, vos expériences professionnelles, vos activités et vos projets actuels. Contrairement à Facebook et Twitter, LinkedIn a un intérêt purement professionnel, profitez-en pour être exhaustif !

- Sur LinkedIn, choisissez une photo professionnelle qui colle avec le secteur que vous visez. Soignez votre titre, votre accroche, et utilisez les bons mots-clés. Il s'agit de votre vitrine, ne l'oubliez pas.

- Contrairement à un CV, un réseau social permet de faire des liens vers votre activité, vers un blog que vous tenez éventuellement, un article que vous avez écrit, ou tout autre projet. Cela étoffe et renforce votre propos. N'hésitez donc pas à créer des liens vers vos projets pour illustrer vos compétences. Ces détails rassurent les recruteurs quant à la véracité de votre présentation.

- Au sein de vos réseaux, n'hésitez pas à aller vers les autres, vers les entreprises, à commenter, à dialoguer, à créer le débat, à partager de l'information, à partager vos projets. C'est ainsi que vous créerez des liens et que les autres viendront vers vous à votre tour. Dans vos interventions, restez toujours poli et pertinent.

- 39 -

- « Tweetez » de façon professionnelle. Dans vos propos, consacrez-vous majoritairement au secteur que vous visez, ou « retweetez » les messages d'utilisateurs ou d'entreprises qui vous semblent intéressants.
- Réagissez rapidement aux offres d'emploi que vous voyez sur les réseaux sociaux. C'est aussi une manière de prouver votre réactivité au recruteur. Essayez de ne pas dépasser les deux jours pour répondre à une annonce.

FAQ

SUR QUELS RÉSEAUX SOCIAUX DOIS-JE M'INSCRIRE ?

Le mieux est de se diversifier au maximum et donc de s'inscrire en tout cas sur les réseaux sociaux généralistes tels que Facebook, Twitter et LinkedIn. Cela vous permettra de multiplier vos relations. Pensez également à Google+ et Viadeo, et même éventuellement à Pinterest, Instagram ou YouTube, si votre projet professionnel s'y prête.

En plus de cela, il est recommandé de vous inscrire sur des réseaux plus spécifiques et plus spécialisés en fonction de votre domaine. Ces réseaux sectoriels peuvent s'avérer utiles pour vous, si vous possédez un profil bien spécifique, mais aussi pour les recruteurs qui pourront davantage cibler leurs recherches.

AVEC QUELS RÉSEAUX AI-JE LE PLUS DE CHANCES DE ME FAIRE VOIR ?

Tous ! D'où l'intérêt de multiplier votre présence. Mais il est certain que des réseaux comme Facebook et Twitter n'ont pas une fonction professionnelle à la base. Leur vocation première n'est pas la recherche d'emploi. Ils vous serviront davantage à vous créer un réseau, une communauté, et à faire connaître votre intérêt pour tel ou tel domaine, ainsi que vos différents engagements dans tel ou tel projet. LinkedIn, pour sa part, a au contraire été créé dans un but purement professionnel. Les recruteurs y sont donc d'autant plus présents. À mettre au-dessus de la liste, donc.

LES RÉSEAUX SOCIAUX SONT-ILS TOUS DES SERVICES GRATUITS ?

Oui, en théorie. Mais LinkedIn, par exemple, propose un service payant aux utilisateurs afin d'être mieux référencés et d'accroître leur visibilité auprès des recruteurs. Et inversement pour les entreprises, auprès des candidats. Les abonnements « platinium » permettent ainsi aux candidats qui les utilisent d'apparaître en tête des candidatures lorsqu'ils postulent. Pour contrer cela avec la version gratuite, et pour rester bien classé, il est très important de bien utiliser les mots-clés spécifiques à votre domaine dans votre description.

QUE FAIRE SI JE N'ÉTAIS PAS PRÉSENT JUSQU'ICI SUR LES RÉSEAUX SOCIAUX ?

Vous y inscrire au plus vite ! Rassurez-vous, rien n'est perdu pour autant. Mais actuellement, un candidat qui n'est présent sur aucun réseau social peut facilement se trouver désavantagé. Cette absence pourrait laisser paraître un manque d'implication de votre part, voire vous faire passer pour quelqu'un de peu intéressé par le monde qui l'entoure, et donc rebuter le recruteur avant même la lecture de votre CV. Cela est d'autant plus vrai si vous êtes dans des domaines comme la communication, le journalisme, le marketing, la publicité ou l'audiovisuel ; votre présence en ligne en devient presque obligatoire !

MA GRANDE IMPLICATION SUR LES RÉSEAUX SOCIAUX ME PERMETTRA-T-ELLE SEULE DE TROUVER UN EMPLOI ?

Non bien sûr ! Malheureusement, il n'y a pas de formule magique, à moins que vous ayez un sacré coup de chance. Les procédures de recrutements classiques restent d'application. Mais votre activité sur les réseaux sociaux ne peut que s'avérer payante sur le long terme. Elle permettra de saisir certaines opportunités, d'agrandir votre carnet d'adresses, et donc de vous faire un nom !

LES RECRUTEURS VONT-ILS VRAIMENT VOIR MES PROFILS SUR LES RÉSEAUX SOCIAUX ?

Tous, il serait très difficile de le prouver. Mais il est certain qu'une grande partie des recruteurs se servent des réseaux sociaux aujourd'hui afin d'analyser plus en profondeur le profil d'un candidat, et d'y piocher des informations avant un éventuel entretien d'embauche.

QU'EST-CE QUE L'E-RÉPUTATION ?

L'e-réputation, c'est tout simplement la réputation d'une personne sur le Web, sa réputation numérique. C'est l'image que se font les internautes d'une personne en fonction de sa présence en ligne. Il est donc très important pour vous de la contrôler afin qu'elle ne reflète pas votre personnalité de façon erronée.

À VOUS DE JOUER !

Comment trouver un emploi grâce
aux réseaux sociaux ?

Soyez visible, actif et impliqué
sur différents réseaux.

Constituez-vous un réseau, choisissez vos
relations et entretenez le contact, partagez de l'information et allez vers les autres.

Soignez votre profil, votre présentation et
l'image que vous reflétez.

Renseignez-vous sur les entreprises	Soyez transparent	Mettez-vous à jour constamment	Utilisez les bons mots-clés

Évitez les faux-pas les plus courants.

Votre avis nous intéresse !
Laissez un commentaire sur le site de votre
librairie en ligne et partagez vos coups de cœur sur
les réseaux sociaux !

POUR ALLER PLUS LOIN

SOURCES BIBLIOGRAPHIQUES

- ANNA (Jean-Christophe), *Job et réseaux sociaux. Connectez-vous*, Paris, Hachette, 2013.

- BRÉAU (Adèle), « Les faux-pas fatals de la recherche d'emploi 2.0 », in *Terrafemina*, mai 2012, consulté le 16 janvier 2016.
http://www.terrafemina.com/emploi-a-carrieres/actu/articles/13575-les-faux-pas-fatals-de-la-recherche-demploi-20.html

- GRÉGOIRE (Émilie), « Facebook, gérer sa vie privée quand on cherche un emploi », in *cidj.com*, juin 2014, consulté le 9 janvier 2016.
http://www.cidj.com/trouver-un-emploi-avec-les-reseaux-sociaux/facebook-gerer-sa-vie-privee-quand-on-cherche-un-emploi

- GRÉGOIRE (Émilie), « Les réseaux sociaux modifient les entretiens de recrutement », in *cidj.com*, juin 2014, consulté le 15 janvier 2016.
http://www.cidj.com/trouver-un-emploi-grace-aux-reseaux-sociaux/en-quoi-les-reseaux-sociaux-changent-ils-l-entretien-d-embauche

- GRÉGOIRE (Émilie), « Se constituer un réseau grâce à Facebook, Twitter, Viadeo ou LinkedIn », in *cidj.com*, juin 2014, consulté le 9 janvier 2016.
http://www.cidj.com/trouver-un-emploi-avec-les-reseaux-sociaux/se-constituer-un-reseau-grace-a-facebook-twitter-viadeo-ou-linkedin

- GRÉGOIRE (Émilie), « Utiliser Twitter de manière pro », in *cidj.com*, juin 2014, consulté le 8 janvier 2016.
http://www.cidj.com/trouver-un-emploi-grace-aux-reseaux-sociaux/utiliser-twitter-de-maniere-pro

- GRÉGOIRE (Émilie), « Viadeo, LinkedIn, l'importance du profil », in *cidj.com*, juin 2014, consulté le 10 janvier 2016.
http://www.cidj.com/trouver-un-emploi-grace-aux-reseaux-sociaux/viadeo-linkedin-l-importance-du-profil

- PEREZ (Dominique), « Cinq règles d'or pour doper sa carrière grâce aux réseaux sociaux », in *L'Express Emploi*, septembre 2014, consulté le 8 janvier 2016.
http://www.lexpress.fr/emploi/conseils-emploi/cinq-regles-d-or-pour-doper-sa-carriere-grace-aux-reseaux-sociaux_1573007.html

- PEREZ (Dominique), « Trois conseils pour intéresser les recruteurs sur les réseaux sociaux », in *L'Express Emploi*, mai 2014, consulté le 16 janvier 2016.
http://www.lexpress.fr/emploi/conseils-emploi/3-conseils-pour-etre-recrute-grace-aux-reseaux-sociaux_1538255.html

SOURCES COMPLÉMENTAIRES

- CHARTIER (Mathieu), *Guide complet des réseaux sociaux*, Paris, First Éditions, 2013.

- LAPPAS (Céline) et CHAINTREUIL (Jean-Noël), *LinkedIn. 101 questions*, Paris, Diateino, 2014.

50MINUTES.fr

SOYEZ LÀ
OÙ ON NE VOUS ATTEND PAS !

www.50minutes.fr

www.50minutes.fr

ISBN ebook : 978-2-8062-7713-8
ISBN papier : 978-2-8062-7714-5
Dépôt légal : D/2016/12603/123
Photo de couverture : © Rawpixel.com- Fotolia.com

Conception numérique : Primento,
le partenaire numérique des éditeurs